Алфавит

А а   Б б   В в   Г г
Д д   Е е   Ё ё   Ж ж
З з   И и   Й й   К к
Л л   М м   Н н
О о   П п   Р р   С с
Т т   У у   Ф ф
Х х   Ц ц   Ч ч
Ш ш   Щ щ   ъ ы ь
Э э   Ю ю   Я я

Арбуз

Aa

Aa Aa

Trace and then copy each letter of the alphabet – both lowercase and capital letters – until each one is mastered.

Л Л Л Л

A A A A

α α α α

a a a a

Aa Aa

Барабан

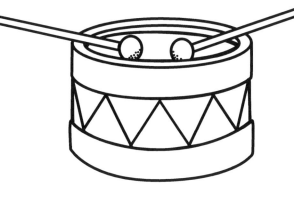

Бб

Бб Бб

Обведите (напишите) каждую букву алфавита и её элементы.

Виноград

Вв

Вв *Вв*

/ / / /
3 3 3 3
В В В В
в в в в
в в в в

Груша

Ѓ Ѓ

Ѓ

Дом

Дд

Дд   Дд

ꙋ ꙋ ꙋ ꙋ   Ɔ Ɔ Ɔ Ɔ
Д Д Д Д Д
о о о о   / / / /
д д д д
Дд Дд Дд Дд

Ель

Ее

Ее   Ее

Ёж

Ёё

Ёё

Ё Ё Ё Ё Ё Ё Ё Ё Ё Ё
Ё
ё ё ё ё ё ё ё ё ё ё ё
ё
Ёё Ёё Ёё

Заяц

Зз Зз Зз

Игла

Йога

Йй

Йй Йй

Й Й Й Й Й Й Й Й Й Й Й Й
Й Й
й й й й й й й й й й й й
й й
Йй Йй

Карандаш

Кк

Кк Кк

г г г г г г г г г г г

к к к к

г г г г г г г г г г

к к к к

Кк Кк Кк

лодка

Лл

Лл Лл

Медведь

Мм

Мм Мм

Носки

Нн

Нн Нн

Очки

Оо

Оо Оо

О О О О
О О О О
О О О О
оо оо оо
Оо Оо Оо

Пингвин

Пп

Пп Пп

Ракета

Рр

Рр   Рр

Сова

Сс

Сс Сс

С С С С С С С С С С С
С С
с с с с с с с с с с с с
с с
Сс Сс Сс

Тир

Тт

Тт Тт

Улитка

Уу Уу Уу

Фонарь

Фф

Хлеб

Хх

Хх Хх

ꙃꙃꙃꙃꙃ сссс
Х Х Х
ꙅꙅꙅꙅꙅ ссссс
х х х
Хх Хх

Цыпленок

Цц

Цц　　Цц

Шарф

Шш

Шш Шш

Щенок

Щщ

Щщ Щщ

ЩЩЩЩ ЩЩЩЩ щщщщ
Щ Щ Щ
ЩЩЩЩ ЩЩЩ щщщщ
Щщ Щщ Щщ
Щщ Щщ Щщ

Объявление

ъ ъ

ъ

Мышь

ыы   ьь

ы ы   ь ь

Юбка

Юю

Юю Юю

Яблоко

Яя

Яя   Яя

Мама

Папа

Кот

Да

Каша

Молоко

Алло

Привет

Сосед

Стул

Диван

Яблоко

Корова

Тигр

Made in the USA
Las Vegas, NV
08 February 2022